AF313830

NOTICE

SUR L'ORIGINE ET LES TRAVAUX

DE LA MANUFACTURE IMPÉRIALE

DE TAPISSERIES

DES GOBELINS,

Par C.-A. GUILLAUMOT, Architecte, Administrateur de cette Manufacture ; Directeur et Inspecteur-général des Travaux ordonnés dans les Carrières sous et hors Paris ; Membre de l'ancienne Académie d'Architecture, de la Société libre des Sciences, Lettres et Arts, de l'Athénée des Arts et de la Société académique des Sciences de Paris.

DEUXIÈME ÉDITION,

SUIVIE

DU CATALOGUE DES TAPISSERIES

Qui décorent l'Appartement et la Galerie d'exposition.

PARIS,

MARCHANT, IMPRIMEUR-LIBRAIRE, COLLÈGE D'HARCOURT,

RUE DE LA HARPE,

AVERTISSEMENT.

Cette Notice a été lue dans la séance publique de la Société libre des Sciences, Lettres et Arts de Paris, le 9 nivose an 8.

Plusieurs changemens et perfectionnemens ayant eu lieu, depuis ce temps, dans cet établissement important, il en est fait mention dans cette nouvelle édition.

NOTICE

SUR

LA MANUFACTURE IMPÉRIALE

DES GOBELINS.

CETTE manufacture jouit, depuis son établissement, en 1667, c'est-à-dire depuis 137 ans, de la plus grande célébrité ; mais sa réputation, comme tant d'autres, est mêlée de quelques fables qu'il importe de détruire, parce qu'elle n'a pas besoin de ce petit moyen pour se soutenir. Le premier établissement d'une manufacture de tapisseries en France est dû à *Henri IV*, et à son digne ministre *Sully*.

Des lettres-patentes furent expédiées au mois de janvier 1607, pour l'établissement d'une *manufacture de tapisseries façon de Flandres,* au faubourg St-Germain, sous la direction de *Marc Comans* et de *François la Planche*. Les directeurs s'établirent dans l'extrémité de la rue de Varennes, qui aboutit à celle de la Chaise, et qui a pris le nom de *rue de la Planche,* de celui d'un des directeurs. Leur privilège fut continué à leurs enfans sous Louis XIII, par lettres - patentes de 1641 et 1643. Mais ce ne fut qu'au mois de novembre 1667 que le grand *Colbert* donna à cette manufacture une protection particulière et une existence assurée, en la plaçant dans le local actuel, connu depuis long-temps sous le nom de *Gobelins*. C'est ce nom qui a induit en erreur presque tous ceux qui ont écrit sur son origine : ils l'ont confondu avec une autre manufacture contiguë et patri-moniale, consacrée originairement à la seule teinture, par une famille du nom de *Gobelin*, qui y étoit déjà établie en 1450, et dont la célé-brité a fait donner le nom à la maison et à la rivière de *Bièvre*, sur les bords de laquelle elle est située.

Jean Glucq, qui a apporté en France le procédé de la teinture *écarlate*, dite *à la mode hollandaise*, se trouvoit propriétaire de cette manufacture, lorsque *Colbert* fonda celle des tapisseries, qui fait l'objet de cette notice.

Le ministre accorda aussi des privilèges à *Glucq*, qui s'associa et s'allia à une famille du nom de *Julienne*, dont le dernier, mort vers 1767, étoit connu par son goût pour les arts, et par un cabinet de tableaux renommé dans toute l'Europe.

Ce fut vers 1662 que *Colbert* fit acquérir une partie des bâtimens et du terrain de cette pro-priété des anciens teinturiers *Gobelins* et d'autres contigus , pour y établir la manufacture des tapisseries ; mais celle de *Glucq* et *Julienne* , pour la fabrique et teinture des draps *écarlates* , n'en subsista pas moins , et subsiste encore dans l'autre partie de ces bâtimens. Elle appartient aujourd'hui à la famille de *Montulé* , alliée et appelée à la succession du dernier *Julienne* (1). Cependant beaucoup de personnes confondent encore les deux manufactures, et croient qu'elles n'en forment qu'une.

La direction de celle fondée par *Colbert* fut donnée au célèbre *Lebrun* , premier peintre de Louis XIV, sous le titre de *Manufacture royale des meubles de la couronne ;* car elle n'étoit pas bornée à la seule fabrication des tapisseries ; elle étoit encore composée de *peintres , sculpteurs , graveurs , orfèvres , horlogers , fondeurs , lapidaires , ébénistes* , et autres artistes et ouvriers en tous genres , dont les élèves et apprentis gagnoient maîtrise dans cette maison ; mais, depuis la révolution, on n'y fabrique plus que des tapisseries sur deux sortes de métiers , distingués par les dénominations de *haute* et *basse-lisse.*

Suivant la tradition de la maison , les métiers de *basse-lisse* sont les seuls dont se servissent le s

---

¹ Elle est sortie des mains de cette famille depuis peu.

fabricans flamands appelés en France par *Colbert* ; et l'on assure que *Lebrun* est l'auteur, ou du moins le provocateur de ceux de *haute-lisse*. On est pourtant fondé à croire qu'il en existoit avant, puisque l'article IV de l'édit de 1667, porte que le directeur tiendra la manufacture remplie de *tapissiers de haute-lisse*, etc. Peut-être aussi Lebrun s'étoit-il occupé de ce changement d'avance ; car ayant été nommé directeur des manufactures de tapisseries, et de celle des *tapis façon de Perse*, établie à la Savonnerie de Chaillot, en mars 1663, quatre ans avant l'établissement de celle des *Gobelins*, il a pu, pendant cet intervalle, s'occuper du perfectionnement des métiers.

Quoi qu'il en soit, *Lebrun* dut donner la préférence aux métiers de *haute-lisse*, par les motifs suivans :

Le métier de *basse-lisse* prend sa dénomination de sa position : il est abaissé horizontalement, comme celui du tisserand. Dans l'origine on coupoit le tableau par bandes de la largeur du métier, et on plaçoit alternativement ces bandes sous la chaîne [1] sur laquelle s'exécute la tapisserie ; mais le travail se produisant à l'envers de la chaîne, devenoit la contre-

---

[1] On nomme *chaîne* les fils de laine sur lesquels se fait le travail.

épreuve du tableau, lequel, par sa situation, se trouvoit totalement dans l'ombre. Un chef d'atelier intelligent [1] a remédié à une partie de ces inconvéniens, en faisant calquer le tableau sur papier huilé ou vernis, également par bandes de la largeur du métier, et en plaçant alternativement ces bandes sous la chaîne, mais en les retournant de manière que la contre-épreuve du calque devient le vrai sens du tableau ; et celui-ci, suspendu sur un rouleau derrière le fabricant, est parfaitement éclairé par le jour des croisées en face, et n'est plus mutilé comme anciennement. Mais dans l'un et l'autre procédé, le fabricant ne peut voir le résultat de son travail, que lorsque la bande est achevée et enlevée du métier.

Cependant le savant *Vaucanson* a donné à ces métiers un degré de perfection qui leur manquoit, en imaginant un moyen aussi simple qu'ingénieux pour les relever verticalement, et présenter aux yeux le côté de la tapisserie qui doit être vu. Mais pour jouir des avantages de ce mécanisme, il faut démonter toutes les *lisses* et les *pédales ;* il faut détacher du métier [2] les *bobines* et les *flûtes* sur lesquelles sont dévidées les laines et les soies qui forment

---

[1] *Neilson,* anglais d'origine.

[2] C'est le nom qu'on donne aux outils qui remplacent

la palette du fabricant, et dont une multitude tient au tissu, jusqu'à l'emploi total des nuances: il faut aussi ôter le calque du dessin. Or, le temps qu'il faut perdre au déménagement de tout cet attirail, qu'on est ensuite obligé de remettre en place ; le risque de commettre quelqu'erreur dans le raccordement du calque du dessin, en le remettant sous la chaîne ; toutes ces difficultés font que le fabricant ne profite de ce moyen que lorsque la bande placée sous la chaîne est achevée, et avant de la rouler sur le cylindre qui est en tête du métier, pour placer une autre bande sous la nouvelle portion de chaîne blanche qui se déroule du cylindre opposé.

Le métier de *haute-lisse* se nomme ainsi, parce qu'il est placé en hauteur, c'est-à-dire verticalement, ainsi que la chaîne sur laquelle se fabrique la tapisserie. Le fabricant est assis derrière cette chaîne, et ne peut voir de sa place le résultat de son travail, mais il peut en sortir toutes les fois qu'il veut le juger ; et l'artiste peintre, chargé de l'inspection et de la conduite de la partie d'art, peut avertir à tout instant le fabricant qui se trompe, et le faire rectifier.

à la basse-lisse la navette du tisserand. A la haute-lisse, ces outils sont d'une forme différente, et se nomment *broches*.

Quant au tableau, il est suspendu sur un rouleau derrière le fabricant, comme aujourd'hui à la *basse-lisse*; mais étant ombragé par la chaîne du métier qui est élevée au devant, il est mal éclairé [1].

Maintenant, il est facile de concevoir pourquoi *Lebrun* a dû préférer les métiers de *haute-lisse* à ceux de *basse-lisse*, pour l'exécution de ses tableaux.

D'abord, on ne les mutiloit pas, en les coupant par bandes, comme il étoit d'usage de son temps pour la *basse-lisse*.

Ensuite, aux métiers de *haute-lisse*, le dessin se trace sur la chaîne, au lieu qu'à la *basse-lisse*, c'est à travers cette chaîne que le fabricant suit le dessin du calque placé au dessous, d'où il résulte indubitablement une plus grande correction de dessin à la *haute-lisse*, qu'à la *basse-lisse* [2].

Enfin, le procédé de la *basse-lisse*, ne permettant de voir le résultat et l'effet du travail, que lorsque la portion placée sur le métier est achevée, devoit impatienter *Lebrun* pendant l'exécution de ses tableaux, tandis que celui de la *haute lisse* lui laissoit la faculté de voir chaque jour, et à chaque instant, l'avance-

---

[1] Voyez ci-après la note (A).

[2] Voyez ci-après la note (B).

ment du travail , et d'en corriger les défauts par
ses avis.

L'art de fabriquer la tapisserie a eu , comme
tous les autres arts , *sa naissance, ses progrès ,
sa perfection.*

Les plus anciennes tapisseries furent fabri-
quées en Angleterre et en Flandres, sur les cartons de *Raphaël*, de *Jules Romain* , et d'autres
célèbres peintres , et portent le caractère *grandiose* de la composition et de la correction du
dessin de ces grands maîtres; mais ces cartons n'é-
tant, à proprement parler, que des *dessins coloriés* par grande masse, sans cette dégradation de
tons , et ces demi-teintes dans les carnations, qui
distinguent le tableau du carton , les tapisseries
exécutées d'après ces cartons ne peuvent pas
avoir le mérite de cette fonte de couleurs qui
étonne dans celles qui se fabriquent aujourd'hui.

Sans doute qu'au temps de ces maîtres , l'art
du teinturier , n'étant pas encore parvenu à dé-
grader les couleurs primitives , au point d'en
faire dériver des centaines de tons , dont le passage de l'un à l'autre est presque imperceptible,
et dont les nuances complètes forment de véritables *claviers oculaires* , et les fabricans de tapisseries n'ayant pas non plus alors l'art, ni les
moyens d'imiter cette dégradation de tons, qui
exige l'emploi de plusieurs centaines de couleurs
différentes pour l'exécution d'un pied, d'une

main , d'une tête , etc. ; sans doute , dis-je , ces peintres fameux se sont prêtés à la foiblesse des moyens d'exécution , et se sont bornés à faire imiter en tapisserie le sublime de leurs compositions , et la pureté de leurs traits ; d'où il résulte que ces premières productions de l'enfance de l'art , ne sont aussi que des dessins coloriés , qui n'ont pas le charme des véritables tableaux , et qui n'offrent aux yeux que des tapisseries.

Mais aujourd'hui que l'art du teinturier dans la gradation des nuances, et celui du fabricant dans l'emploi des teintes et des soies ainsi dégradées de tons , sont parvenus à un degré de perfection qu'on croiroit impossible à atteindre , si on n'en voyoit pas la preuve dans l'exécution ; aujourd'hui une tapisserie des Gobelins n'est plus une tapisserie ; c'est la copie d'un tableau peint avec de la laine et de la soie : c'est même , j'ose le dire , quelque chose de plus qu'une simple copie , et peut-être seroit-il permis de la qualifier de *traduction* , suivant l'expression d'un célèbre peintre de nos collègues , M. *Vincent*.

En effet , l'écrivain qui traduit dans une autre langue un morceau de littérature , n'est que copiste de la composition , de la conduite , et des pensées de l'ouvrage qu'il traduit ; mais l'idiome dont il se sert étant différent de celui de l'original , et les diverses langues n'ayant pas les mêmes moyens pour exprimer les mêmes idées, le traducteur est obligé de trouver par des tournures de phrases particulières des équivalens aux termes qui lui manquent ; et c'est là, je crois, une des plus grandes difficultés qu'il ait à vaincre. De même, le fabricant de tapisserie, qui ne travaille pas, comme le peintre, sur une surface unie, telle que la toile, le bois, ou le cuivre ; qui ne peut employer ni couleurs liquides, ni pinceaux pour les étendre ; qui est obligé de peindre sur des fils de laine très-minces, séparés par des intervalles qu'il faut réunir ; de remplacer les pinceaux par des broches et des flûtes, et la liquidité des couleurs par la sécheresse de la laine et de la soie ; qui ne peut même revenir sur l'emploi de ses couleurs, et est obligé de peindre, comme on dit, *au premier coup*, par conséquent d'étudier à l'avance la disposition et le placement de ses étoffes sur la portion de chaîne qu'il va en couvrir ; un tel homme est certainement quelque chose de plus qu'un simple copiste. L'illusion que produit le travail de ceux (à la vérité en petit nombre) qui sont parvenus au dernier période de cet art, est telle, que d'habiles peintres s'y méprennent, et que j'ai eu plus d'une fois l'agréable surprise de voir des artistes séduits, au point de porter leurs mains à la tapisserie, pour s'assurer que ce qu'ils voyoient n'étoit pas un tableau.

Aussi je crois remplir un acte de justice, en

ajoutant l'épithète *d'artistes*, à la simple qualification *d'ouvriers* ou de *tapissiers*, qu'on a
donnée jusqu'à présent à ces hommes extraordi-
naires (1).

En parlant de la teinture des Gobelins, je me
crois obligé d'attaquer l'opinion de ceux qui assez généralement attribuent sa beauté à la qualité
des eaux de la petite rivière de *Bièvre*, au bord
de laquelle elle est située, et qui prétendent que
cette opinion, fût-elle erronée, seroit utile à
laisser subsister.

Je ne peux pas penser de même, ni que l'eau
de cette petite rivière bourbeuse, et remplie de
détrimens de toutes les usines qui obstruent son
cours, soit préférable à celle de la Seine pour la
teinture. Je sais bien que les sels divers que l'eau
des rivières tient en dissolution, peuvent influer
sur le résultat des teintures ; mais, outre qu'on
n'emploie celle de la rivière des Gobelins qu'a-
près l'avoir épurée par son séjour dans une ci-
terne, son lit contient souvent si peu d'eau,
qu'on est obligé d'en envoyer chercher à la Seine,
et l'on ne s'apperçoit pas alors que la teinture soit
moins belle.

Je sens que mon assertion auroit besoin d'être
confirmée par le témoignage de quelques chi-
mistes habiles, et appuyée d'expériences suffisan-

---

¹ Voyez ci-après la note (C).

tes, ce qui, je crois, ne me seroit pas difficile à obtenir ; mais en attendant, j'invite les incrédules à venir aux Gobelins, soit pour voir la manipulation du teinturier, soit pour en voir le résultat dans le magasin des laines et soies teintes, et ils seront convaincus, comme moi, que c'est l'art du teinturier, et non la qualité des eaux, qui fait la belle teinture.

Voici, je pense, ce qui a pu donner lieu à l'erreur que je combats [1].

Les fameux *Gobelins*, établis, comme je l'ai dit, au bord de la rivière de Bièvre, avant 1450, étoient d'excellens teinturiers, mais ils faisoient de leur art une spéculation commerciale, un objet d'intérêt, et l'on sait assez que l'amour du gain étouffe souvent celui de la gloire. En attribuant leurs succès à leur savoir, d'autres auroient pu chercher et trouver les mêmes procédés, et entrer ainsi en partage du bénéfice des entreprises de teinture ; au lieu qu'en l'attribuant à la qualité des eaux de la rivière de Bièvre, où ils étoient seuls établis alors, ils obtenoient une préférence que personne n'étoit à portée de leur contester, dans un temps où tous les autres teinturiers de Paris étoient

---

[1] Depuis que ceci est écrit, M. *Berthollet* a confirmé mon opinion dans la deuxième édition de ses *Élemens de l'Art de la Teinture.*

placés sur les bords de la Seine. Mais, en 1673, des lettres-patentes, fondées sur des motifs de salubrité publique, ayant ordonné la translation au faubourg Saint-Marcel, et à Chaillot, de toutes les tanneries, mégisseries, et ateliers de teintures, établis dans l'intérieur de Paris, la plupart des propriétaires de ces manufactures se portèrent sur la rivière de Bièvre, et les teinturrs particulièrement, accréditèrent pour leur intérêt personnel l'erreur subsistante ; de même que, postérieurement à cette époque, *Glucq* et *Julienne* se dirent possesseurs d'un secret pour *la teinture écarlate*, qui ne consistoit que dans la juste proportion du mélange des ingrédiens qui composoient leur teinture. Cette composition, chacun en la cherchant, pouvoit la trouver ; mais l'existence du secret supposée, personne ne vouloit perdre son temps à le chercher, sans être certain de le découvrir.

A quelque degré de perfection que soit porté le travail des tapisseries dans cette manufacture, celui des métiers de *haute-lisse* est cependant susceptible d'en acquérir une nouvelle. On a vu, par la description de ces métiers, que le tableau qu'on copie y est placé totalement dans l'ombre, tandis qu'il est parfaitement éclairé à la *basse-lisse*. En faisant restaurer un atelier de *haute-lisse*, j'ai essayé de tirer le jour du haut, et de le diriger par une trémie ou hotte, sur le tableau même, placé derrière le fabricant. Alors, celui-ci découvre dans son modèle une infinité de nuances délicates qui lui échappent nécessairement par la disposition actuelle des ateliers. Malheureusement la pénurie des finances me prive des fonds nécessaires pour terminer celui-ci d'après mon essai; mais on peut se convaincre dès à présent du succès, à la vue d'un métier déjà placé dans la première travée de cet atelier, sur lequel la chaîne est montée, et les meilleurs artistes fabricans de la manufacture attendent avec impatience qu'il soit terminé [1].

Ce n'est pas devant des savans et des artistes, que je dois mettre en question s'il faut maintenir une manufacture qui honore singulièrement l'industrie française; mais il faut lui marquer un but digne d'une grande nation, qui aime et protège les arts, et détruire encore une erreur nuisible à sa conservation; c'est de croire qu'elle est d'une dépense immense. Sans doute on ne pourra jamais en retirer un bénéfice pécuniaire,

---

[1] Depuis la première édition de cette Notice, il a été établi des métiers sur lesquels on fabriquera la tapisserie dans toute sa hauteur, sans la rouler, et dont on trouve le détail dans le Rapport de l'Athénée des Arts, du 9 pluviose an 8, faisant suite à cette Notice.

mais ce n'est pas non plus sous ce rapport qu'il faut la conserver. Il faut l'occuper à exécuter en tapisseries, les tableaux que le Gouvernement fera sans doute faire par nos habiles peintres, pour perpétuer les événemens mémorables et glorieux de notre révolution. Ce sera une occasion d'employer utilement les talens de ces artistes, restés oisifs depuis plusieurs années. Ces tapisseries décoreront les palais du chef de l'Empire français; les temples, les salles des assemblées des premiers corps de l'Etat, et autres monumens publics; et lorsque la valeur de nos guerriers aura forcé nos ennemis à accepter une paix glorieuse pour nous, et que le Gouvernement voudra offrir en présent aux puissances nos alliées ou à leurs ambassadeurs, des productions de notre industrie nationale, il donnera une chose unique, en donnant une tapisserie des Gobelins. Dans beaucoup de pays, on fait de l'orfévrerie, de la bijouterie, de la porcelaine, des armes aussi belles qu'en France; mais dans aucun lieu du monde, on ne fabrique d'aussi belles tapisseries qu'aux *Gobelins*.

Comme il n'est cependant pas indifférent de savoir à quelle somme s'élève une dépense qui semble n'être que de pur luxe, je vais le faire

---

* Voyez ci-après la note (D).

connoître, et appuyer ce que j'avance d'un témoignage non suspect ; c'est celui du compte
rendu par le ministre Rolland à la Convention
nationale, le 6 janvier 1793. On y voit que la manufacture des Gobelins a coûté, en 1791 , *cent
huit mille francs*, en main-d'œuvre seulement,
et qu'il y avoit alors cent seize maîtres et dix-huit
apprentis , en tout cent trente-quatre individus ,
sans comprendre les employés. D'après quelques
réformes que ce ministre proposoit, il comptoit
réduire la dépense annuelle de cet établissement
à 150,000 fr. ; ce qui suppose qu'elle étoit plus
forte. Elle s'est en effet élevée, en 1791, à 165,927 fr.
y compris la teinture , l'école de dessin , la ren-
traiture, la fourniture des laines et des soies pour
la fabrication , et celle du bois pour le chauffage
des ateliers , magasins , école de dessin , etc. ;
mais l'année 1790 n'a coûté que 144,168 fr. ,
et l'année 1789, que 143,242.

La cause de l'augmentation de dépense en
1791 , est le changement de régime dans la fixa-
tion des salaires des fabricans. Jusqu'alors ils
avoient été payés à la tâche, à raison de la quantité d'ouvrage qu'ils faisoient ; mais , malgré la
différence du tarif , relativement à la nature du
travail , toujours le fabricant chargé de l'ouvrage le plus facile, comme les draperies, le pay-
age , etc. gagnoit plus que celui qui fabriquoit

les parties les plus difficiles , telles que les carnations. En 1791, ils furent partagés en plusieurs classes , d'après leurs talens divers , et payés à la journée, avec l'expectative, pour ceux des classes inférieures, de monter aux classes supérieures , en augmentant de talent. Ce régime produit moins d'ouvrage; mais le travail est plus parfait, puisqu'aucun motif d'intérêt ne porte le fabricant à mal faire , pour produire davantage, et c'est la perfection qu'on doit rechercher dans cet établissement , sans quoi *il est inutile de le conserver.*

Depuis la révolution , la dépense a été fort au dessous de celle de 1789; d'abord , par la diminution du nombre des fabricans , dont les plus jeunes et les élèves ont été compris dans les réquisitions des armées ; et depuis l'an 4 , lors du retour des paiemens en numéraire, par la réduction des salaires aux trois quarts de ceux de 1791; mais il est certain qu'une somme annuelle de 150,000 fr. suffiroit à l'entretien de ce magnifique établissement, en supposant qu'on ne vendît jamais rien; et je ne pense pas qu'une telle dépense, même en y ajoutant 50,000 fr. pour le prix des tableaux qu'on feroit faire pour récompenser les habiles peintres chargés d'alimenter le travail de cette manufacture, puisse être regardée comme excessive pour la conser-

vation d'un monument d'art unique dans l'u-
nivers [1].

Il ne sera peut-être pas inutile d'observer ici
que, malgré le grand eloge que Rolland fait de
cette manufacture dans son compte rendu, peu
s'en est fallu que lui-même n'en opérât la des-
truction. Ce ministre, qui, sous l'ancien Gouvernement, étoit inspecteur des manufactures com-
merçantes, ne considéroit celle des Gobelins que
sous le rapport du produit. A son rappel au mi-
nistère, il débuta par renvoyer comme inutiles,
tous les artistes peintres, qui en sont un des
principaux soutiens, et les élèves, qui en sont
l'espérance ; mais en l'an 3, la Convention nationale, sur le rapport de la commission exécutive
d'agriculture, arts et commerce, à la tête de laquelle étoient alors MM. Berthollet et Dubois, y
a rappelé quelques uns des artistes expulsés
par Rolland ; et en l'an 9, le ministre Chaptal y
a rétabli les élèves, sans lesquels la manufacture alloit s'éteindre, comme une lampe faute
d'huile. Il faut vingt ans pour former un bon
fabricant ; ceux du premier talent avoient alors
plus de soixante ans ; ainsi, on peut calculer le
moment où elle seroit expirée, si on ne lui avoit
pas préparé des successeurs. Ce ministre a aussi

---

[1] Voyez ci-après la note (E).

rétabli la place de directeur des teintures, que Rolland avoit ôtée au célèbre Darcet, lequel est dignement remplacé par M. Roard, ci-devant professeur de chimie à l'école centrale du département de l'Oise.

Voilà l'état actuel de cette manufacture, qui ne peut que gagner infiniment à l'avantage qu'elle a maintenant de faire partie de la maison de S. M. l'Empereur.

NOTES.

(A) Les anciens métiers de *haute-lisse* sont d'une construction extrêmement grossière et incommode. La chaîne se tend au moyen d'une longue pièce de bois, qui se fixe ensuite avec des cordes à l'un des montans du métier. Quelquefois les cordes se rompent, et la pièce de bois blesse ceux qui se trouvent à portée. L'effort qu'il faut faire pour roidir la chaîne est tel, que souvent ceux qui travaillent à cette opération se donnent des hernies, et il en est mort plusieurs des suites de ces accidens. Ayant eu l'occasion de faire réparer quelques uns de ces métiers, j'ai pensé qu'on pouvoit les simplifier en les rectifiant ; et j'ai fait cercler les extrémités des cylindres, du haut et du bas, par des *frettes* en fer, avec des dents dans lesquelles entrent des *valets* qui arrêtent ces frettes au degré nécessaire, en faisant tourner les cylindres par le moyen d'un court levier en fer. La chaîne se tend plus facilement, et sans aucun danger. Rien n'est si simple que cette correction ; c'est l'œuf cassé à une extrémité pour le faire tenir debout : cependant, elle a toujours été négligée, parce que rien n'est plus difficile que de faire changer d'anciennes routines.

(B) Je crois qu'il est possible de tracer à la *basse-lisse* le dessin sur la chaîne, comme à la *haute-lisse* ; alors ce dessin sera aussi correct qu'à ces derniers métiers. J'ai même la certitude de la réussite de ce procédé, par l'essai qu'en a fait un artiste fabricant, docile aux innovations utiles.

Il est encore d'autres changemens à introduire, qui tendent à la perfection de cette manufacture, et qu'il est étonnant qu'on ait négligés si long-temps, quand on songe au mérite des divers artistes qui l'ont dirigée depuis *Lebrun*, tels que *Mignard*, *Decotte*, *Soufflot*, etc.

Jusqu'à présent on a toujours renversé sur le côté le tableau à exécuter, en plaçant sa hauteur parallèlement à la longueur du métier, en sorte qu'au lieu d'être éclairé de gauche à droite, il l'est de bas en haut, d'où il résulte que l'aspect de la tapisserie, tant pour le fabricant que pour le spectateur, n'est point celui de la pièce lorsqu'elle est achevée et mise en place, ce qui est très-désagréable.

L'enlèvement d'*Orithie par Borée*, exécuté d'après le tableau de M. Vincent, dans le sens droit, où ce morceau doit être **vu**, démontre tous les avantages de cette innovation, et détruit tous les raisonnemens spécieux par lesquels on vouloit prouver l'impossibilité du succès. Le défaut d'habitude en a fait trouver le travail plus difficile que par la méthode ordinaire ; mais la persévérance du sieur Claude, père, un des plus habiles fabricans de cette manufacture, a vaincu tous les obstacles, et aujourd'hui tous les morceaux s'exécutent de cette manière.

Mais une inattention bien plus nuisible que toutes les autres, au bon effet des tapisseries, c'est l'usage où l'on a été jusqu'à présent de les ployer, ou de les rouler immédiatement après leur sortie du métier, pour les mettre en magasin.

La laine de la chaîne, qui a été fortement tendue et allongée pendant la fabrication, abandonnée ensuite à son élasticité naturelle, se retire pour reprendre à peu près sa première longueur. La laine et la soie qui entrent dans la fabrication, conservent pendant quelque temps un peu d'humidité en sortant de la teinture, et en contractent encore une nouvelle par la manipulation du fabricant; il résulte de ces deux causes réunies, une dessiccation progressive qui produit, après un certain espace de temps, un retrait dans la tapisserie, assez considérable pour altérer sensiblement la correction du dessin. Le moyen de prévenir cet inconvénient, consiste à tendre le morceau sur châssis à sa sortie du métier, et à l'y laisser jusqu'à parfaite siccité. J'ai fait tendre ainsi les beaux morceaux qui forment l'exposition permanente de la galerie et de l'appartement à la suite, et c'est une attention qu'il faut avoir à l'avenir pour tous ceux qui sortiront des métiers, si l'on ne veut pas encourir les justes reproches des peintres sur l'incorrection du dessin de ces morceaux; reproches qui frapperoient encore plus sur les artistes dessinateurs attachés aux ateliers, que sur les fabricans, quoiqu'ils ne dussent tomber que sur ceux qui négligeroient la précaution que j'indique.

D'après cette observation, on peut juger du tort que font à la réputation de ces tapisseries, les expositions où elles ne sont suspendues que par le haut.

Je pourrois indiquer encore d'autres changemens à faire dans cette manufacture, dont j'ai déjà fait l'essai avec succès; mais c'en est assez pour faire connoître que si personne ne peut disputer à *Lebrun* la première conception de ce bel établissement, il reste encore à ses successeurs quelque gloire à acquérir en le perfectionnant.

(C) On sent bien que cette qualification d'*artistes* n'appartient réellement qu'à ceux des fabricans qui, par leur assiduité aux leçons de l'habile professeur de l'école de dessin établie dans cette maison, (M. *Belle*, père) ont acquis du talent dans cette partie essentielle de leurs études, et que ce titre doit être la récompense de ce talent réuni à l'intelligence du coloris, et non celui du simple mécanisme de la fabrication.

(D) Dans aucun temps le public, quel qu'ait été l'opulence du petit nombre d'amateurs des arts, n'a procuré aux peintres d'histoire, les moyens de subsister par l'exercice de leurs talens. Le Gouvernement seul a pu autrefois, et devra à l'avenir, occuper les habiles peintres de ce genre sublime, s'il ne veut pas le voir abandonner ; et comme il y a des sujets tellement instructifs, et tellement intéressans, que plusieurs amateurs voudroient les posséder, et qu'un peintre habile n'aime pas à se répéter, on voit qu'aucun moyen ne remplit mieux le but qu'une tapisserie, et que la manufacture des *Gobelins* seule peut le remplir convenablement, et d'une manière digne de l'original.

(E) Il n'est personne qui ne frémisse encore en songeant aux barbares ennemis des sciences, lettres et arts, qui vouloient profiter des orages de la révolution pour les anéantir. Voici ce qu'écrivoit, le 17 août 1790, le fameux *Marat*, de sanguinaire mémoire, dans sa feuille intitulée : l'*Ami du Peuple*.

« On n'a nulle idée, chez l'étranger, d'établissemens re-
» latifs aux beaux arts, ou plutôt de manufactures à la
» charge de l'Etat ; l'honneur de cette invention étoit ré-
» servé à la France. Telles sont, dans le nombre, les ma-
» nufactures de *Sèvres* et des *Gobelins*. La première coûte

» au public plus de 200,000 francs annuellement, pour
» quelques services de porcelaine, dont le roi fait des
» présens aux ambassadeurs ; la dernière coûte 100,000 écus
» annuellement, on ne sait trop pourquoi, si ce n'est pour
» enrichir des fripons et des intrigans. On y entretient
» d'ordinaire vingt-cinq ouvriers, qui emploient au total
» douze livres de soie, au travail d'une tapisserie qui est
» quelquefois quinze ans sur le métier. »

Assez d'abus réels entachoient l'ancien Gouvernement, sans qu'il fût nécessaire d'en créer d'imaginaires ; et lorsque ces inculpations sont reconnues fausses, elles portent à douter de la réalité de celles qui sont fondées. Il est bien démontré que la dépense pour entretenir la manufacture des *Gobelins* dans sa plus grande splendeur, ne s'élèveroit au plus qu'à 150,000 francs par an, en faisant subsister plus de cent familles, et l'on voit, par le compte précité du ministre Rolland, que celle de *Sèvres* étoit, en 1791, d'environ 350,000 fr., mais qu'elle retiroit 282,000 fr. de ses ventes ; qu'ainsi la dépense réelle n'étoit que de 68,000 fr., et elle entretenoit deux cent quarante ouvriers.

CATALOGUE

DES TAPISSERIES

QUI DÉCORENT L'APPARTEMENT ET LA GALERIE D'EXPOSITION

DE LA MANUFACTURE IMPÉRIALE

DES GOBELINS.

———

APPARTEMENT.

PREMIÈRE PIÈCE.

1 et 2. Deux morceaux; sujets des Indes, d'après des tableaux de Desportes, représentant l'un des taureaux, et des nègres portant un palanquin, et l'autre un chameau, un cheval, et d'autres animaux et figures asiatiques.

3 et 4. Deux morceaux représentant des fleurs; d'après des tableaux, de madame *Valayer-Coster*.

DEUXIÈME PIÈCE.

1. Mathieu Molé, premier président du parlement de Paris, à la tête d'une députation de ce corps,

arrêté et menacé par les Frondeurs, sous la minorité de Louis XIV; d'après le tableau de M. *Vincent.*

Le sang-froid et la fermeté du président mettent en fuite les révoltés.

2. L'assassinat de l'amiral de Coligny; d'après le tableau de M. *Suvée.*

Le moment est celui où l'amiral ouvre la porte de son salon, et se présente aux assassins, en leur disant :

Frappez, ne craignez rien; Coligny vous pardonne.

Ils tombent à ses pieds; mais Besme, valet de la maison de Guise, accourt en les traitant de lâches, et lui enfonce son épée dans le sein.

3. L'évanouissement d'Esther en approchant d'Assuérus, pour lui demander la révocation de l'édit contre les Juifs; d'après le tableau de *Coypel.*

TROISIÈME PIÈCE.

1. L'enlèvement d'Orithie, par Borée, d'après le tableau de M. *Vincent.*

C'est le premier morceau de tapisserie exécuté dans le sens où le tableau est vu; tout en laine, sans aucun mélange de soie, et de la seule main du sieur *Claude*, père, un des premiers et des plus habiles artistes des ateliers de haute-lisse.

2. L'Amour fuyant des bras de Psiché.

3. Athalie, interrogeant le jeune Joas dans le temple ; d'après les tableaux de *Coypel*.

4. Divers dessins au crayon, des jeunes artistes et des élèves.

———

GALERIE.

1. Un combat de femmes Spartiates contre des militaires qui viennent les insulter dans une fête ; d'après le tableau de M. *Barbier*, l'aîné.
Les femmes restent victorieuses.

2. L'Automne sous l'emblême d'une fête à Bacchus ; d'après le tableau de M. *Callet*.

3. Léonard de Vinci, célèbre peintre italien, expirant dans les bras de François premier ; d'après le tableau de M. *Ménageot*.

4. Zeuxis, choisissant parmi les belles filles de Crotone un modèle pour peindre Hélène ; d'après le tableau de M. *Vincent*.

5. Briséis enlevée de la tente d'Achille, d'après le tableau de M. *Vien*, membre du Sénat conservateur.

6. Creuse, consumée par la robe empoisonnée que lui a envoyée Médée ; d'après le tableau de *de Troy*.

7. L'enlèvement de Proserpine par Pluton ; d'après le tableau de M. *Vien*.

SALON SUIVANT, DIT D'APOLLON.

1. Une négresse portée dans un palanquin.

2. Un nègre chassant à l'arc.

> Sujets des Indes, d'après *Desportes*.

3. Le connétable Duguesclin, mort en faisant le siége de Châteauneuf-Randon, étendu sur son lit de parade.

> Le gouverneur de la place assiégée vient déposer les clefs de cette forteresse aux pieds du connétable, par respect pour sa mémoire, et se rend prisonnier; d'après le tableau de feu *Brenet*.

4. Clytie transformée en fleur du Soleil; d'après le tableau de M. *Belle*, père.

5. Sylvie sauvée de la fureur d'un monstre; par le Berger Amynthe. Sujet tiré du Tasse; d'après le tableau de feu *Boucher*.

PREMIER RAPPORT

FAIT

A L'ATHÉNÉE DES ARTS,

Sur la Manufacture impériale des Gobelins, dans la séance publique du 30 pluviose an 9; avec quelques notes ajoutées par C.-A. GUILLAUMOT, Architecte, Administrateur de ladite Manufacture, Inspecteur-général des travaux des carrières, Membre de l'Athénée des Arts, de la Société libre des Sciences, Lettres et Arts de Paris, et de la Société académique des Sciences.

La Société libre des Sciences, Lettres et Arts de Paris ayant admis à la lecture, dans sa séance publique du 9 pluviose an 8, la *Notice sur la Manufacture impériale des Gobelins*, que j'ai publiée depuis, dans laquelle j'ai annoncé quelques innovations introduites dans la fabrication et dans le mécanisme, et la disposition des métiers, l'Athénée des Arts a bien voulu en faire examiner les résultats par des commissaires pris dans les classes de mécanique, de peinture et de chimie. M. Darcet s'étoit chargé de la rédaction du rapport; et déjà il avoit rassemblé toutes les notes nécessaires à son travail, lorsqu'une mort prématurée a enlevé ce savant aux sciences, à sa famille et à ses amis, peu de jours avant la séance dans

3

laquelle il devoit le lire. C'est sur ces notes que MM. Dizé et Mulot ont eu la complaisance de le remplacer, et ce sont leurs conclusions qui ont été adoptées par l'Athénée des Arts, dans son assemblée du 27 pluviose an 9, et dont la lecture a été faite dans sa séance publique du 30 du même mois.

Je profite de la permission qui m'est accordée de faire imprimer ce rapport, pour déclarer que l'honneur du succès des innovations qui ont fixé l'attention de cette Société savante, et mérité son suffrage, est entièrement dû à ceux de mes collaborateurs et des artistes-ouvriers qui ont saisi mes vues, et dont je n'ai eu qu'à seconder l'expérience et le zèle.

RAPPORT

DES COMMISSAIRES DES CLASSES DE MÉCANIQUE, DE PEINTURE, ET DE CHIMIE, DE L'ATHÉNÉE DES ARTS,

Sur la Manufacture impériale des Tapisseries des Gobelins.

PRÉSIDENCE DE M. FORFAIT.

RAPPORTEUR. — M. DARCET.

COMMISSAIRES. — MM. SALIVET, LENOIR, MOREAU, jeune, LEMONNIER, et DIZÉ.

ADJOINT. — M. MULOT.

VERS l'extrémité méridionale de Paris, au bord de la petite rivière de Bièvre, si connue par le grand nombre de moulins de toute espèce qu'elle fait mouvoir, et d'usines qu'elle active ; près de l'ancienne habitation de l'une des reines des Français qui prenoit le nom de *Blanche*, se trouvent deux ateliers importans, établis à différentes époques, l'un pour la teinture, l'autre pour la fabrication des tapisseries à l'imitation de celles de Flandres, qu'elles surpassent de beaucoup.

Le premier dut son origine à l'industrie d'un simple particulier, nommé *Gobelin* ; le second , formé sous Henri IV, doit son agrandissement et sa splendeur à l'amour du célèbre *Colbert* pour les arts , que le monarque dont il étoit ministre aimoit à protéger. Mais , telle est la force de l'habitude , *Gobelin* avoit donné son nom à son atelier de teinture ; le peuple , accoutumé à désigner par le nom de cet homme industrieux sa manufacture, le donna facilement et à la rivière qui lui fournissoit ses eaux , et même à l'établissement que le ministre avoit placé près de ses ateliers.

Ne confondons pas , avec le peuple , deux objets si différens. Que l'industrie de *Gobelin* soit payée par l'immortalité de son nom , c'est une récompense trop juste ; mais distinguons la Manufacture impériale , qui fait le sujet de ce rapport, de l'atelier de teinture qu'il établit en 1450, et qui , ayant passé successivement des mains de son auteur entre celles de *Jean Gluck* , à qui nous devons l'introduction en France de la teinture écarlate à la manière hollandaise , et des siennes entre celles de la famille *Jullienne* , est , depuis plus de trente années , en la possession de la famille *Montulé.*

Lorsque *Colbert* plaça près de l'atelier de teinture la manufacture de tapisseries façon de Flandres , il lui donna le nom de *Manufacture royale des tapisseries et meubles de la Couronne* , nom que le peuple ne sut pas retenir. Il en confia la direction au célèbre *Lebrun* , peintre , au zèle et aux lumières de qui elle doit tant ; il y établit des artistes dont l'habileté, guidée par le directeur, ne pouvoit que concourir à sa perfection, et établir la haute réputation qu'elle a soutenue et agrandie depuis. Un privilége de maîtrise accordé à leurs élèves, provoquoit leur activité, et étoit l'aiguillon du talent Lebrun fut aussi chargé de diriger la manufacture de tapis de Perse établie à Chaillot en 1663, et connue sous le nom de *Savonnerie.*

Il paroît que, jusqu'à ce que *Lebrun* fût mis à la tête de l'établissement national qui nous occupe, on n'y travailloit qu'aux métiers de basse-lisse, suivant la méthode des Flamands qu'on y avoit appelés ; et les travaux de haute-lisse ne remontent guère qu'à lui, comme ce n'est que depuis cette époque que ces deux genres de fabrication s'y sont concurremment soutenus.

Une notion de ces deux espèces de travaux ne peut déplaire à l'homme instruit ; et, comme elle peut faire plaisir à ceux qui n'ont jamais été dans le cas de s'occuper de cette partie des arts, nous croyons devoir la donner.

Le métier de basse-lisse, plus ancien, offre l'imperfection des inventions premières : placé horizontalement, comme le métier du tisserand, il force l'ouvrier de se coucher plus ou moins sur le rouleau de devant quand il travaille ; ce qui, malgré la précaution d'un coussinet dont il fait usage, ne laisse point que d'offrir des dangers pour sa santé.

Ce métier n'a pas seulement de sinconvénien pour

l'ouvrier. Jusqu'à l'invention de *Neilson*, dont nous allons parler, les tableaux que l'on rendoit en tapisseries étoient sacrifiés : coupés par bandes de la largeur du métier, ils étoient exécutés de manière que la tapisserie ne présentoit que leur contre-épreuve.

Le chef d'atelier *Neilson* sauva les tableaux, en imaginant de les faire calquer avec du papier huilé. Dès lors, les bandes du calque suppléèrent les bandes des tableaux, et avec cet avantage, que la contre-épreuve, habilement employée, redonnoit à la copie le véritable sens de l'original. Pour en consulter utilement les nuances et les tons, *Neilson* fit placer derrière l'ouvrier le tableau qui restoit entier : mais, malgré ce perfectionnement, ce n'étoit qu'après que chaque bande étoit terminée, que le fabricant pouvoit juger du résultat de son travail.

Vaucanson ajouta au perfectionnement de *Neilson* par l'invention d'un mécanisme d'autant plus ingénieux, qu'il est plus facile, à l'aide duquel on relève à volonté le métier, tellement qu'on peut voir l'ouvrage dans son véritable sens; mais comme il faut démonter en partie le métier, il faut aussi de grands soins pour employer le mécanisme; il se fait une grande perte de ce temps qu'on ne sauroit trop économiser, et ce n'est qu'avec bien des difficultés que l'on peut raccorder parfaitement la partie déjà terminée avec celle que l'on va commencer. Il y a tout à craindre pour ce déplacement; aussi est-il très-embarrassant de faire sur ce genre de métier des pièces étendues, et d'exécuter, avec une égale perfection, des sujets aussi grands que sur le métier de haute-lisse.

En faisant usage de ce dernier, l'ouvrier est assis derrière, et en face du jour. La fabrication de la tapisserie s'y fait à l'envers. Le métier et la chaîne sur laquelle sont tracés les dessins, sont placés verticalement. L'ouvrier veut-il se rendre compte de son travail? le déplacement d'un instant peut lui procurer cette satisfaction : il peut facilement connoître les fautes qu'il auroit commises, et les réparer; comme le chef, si elles lui échappoient, peut les appercevoir et les indiquer. Le tableau n'a plus rien à craindre. On ne le coupe point par bandes destructives de l'ouvrage; il se place sur des rouleaux derrière l'ouvrier, qui peut, à son gré, le consulter.

Ces avantages de la haute-lisse sur la basse sont trop considérables, pour que *Lebrun*, à qui ils ne pouvoient échapper, ne les procurât pas à l'établissement dont il avoit la surveillance. Mais il en étoit d'autres encore que l'on pouvoit tirer de la haute-lisse, et qui échappèrent à la sagacité de ce grand homme; on ne tenta pas même, après lui, de les chercher; et la routine, cette tyrannique dominatrice des arts, la routine, si pernicieuse à leurs progrès, fut le seul guide des ateliers des Gobelins jusqu'à nos jours. Jusqu'à nos jours, les tableaux préservés, il est vrai, d'être coupés, continuèrent à se fatiguer sur leurs rouleaux. La chaîne placée entr'eux et la lumière ne permit à l'ouvrier de les voir que par un faux jour, et ce ne fut que dans un sens qui n'étoit point le véritable, qu'il put les considérer et les consulter.

Il étoit réservé à notre siècle, à l'un de nos confrères, de délivrer la haute-lisse des entraves serviles de la routine, et d'ajouter aux perfectionnemens qu'elle avoit reçus, des perfectionnemens plus ingénieux et plus avantageux encore.

M. *Guillaumot*, après avoir étudié jusque dans les détails, et sous chacun de leurs rapports, les procédés usités, frappé de leur imperfection, s'est permis à l'instant de les faire disparoître; son génie lui en a fourni les moyens, et l'expérience a prouvé que ses moyens étoient bons. La simple description suffira pour vous en convaincre.

Dans la haute-lisse, on a vu que la chaîne se rouloit verticalement sur des rouleaux ou *ensubles;* que l'on n'en déployoit que la longueur exigée pour le travail que l'ouvrier exécutoit, et que, successivement, elle se déployoit à mesure que l'ouvrage avançoit, en sorte que la portion fabriquée s'enrouloit sur l'ensuble inférieure, en amenant et développant de l'ensuble supérieure une nouvelle portion de chaîne, et ainsi, partie par partie, jusqu'à ce que la fabrication entière fût terminée.

Pendant cette fabrication, qui dure souvent des années entières, la chaîne demande une tension égale et assez forte. On se la procuroit au moyen de fortes cordes fixées aux rouleaux par l'extrémité; dans la boucle de ces cordes se plaçoit une pièce de bois qui servoit de levier, et, faisant tourner les rouleaux, étendoit la chaîne. Les leviers étoient ensuite attachés par des liens très-forts contre les montans qui portoient les rouleaux. Mais cet appareil grossier, dont nous retrouvons la parfaite image dans les treuils de nos haquets, singulièrement gênant, dangereux pour ceux qui le faisoient mouvoir, quand sous leurs efforts leurs cordes venoient à se rompre, obstruoit le passage du jour, et ne procuroit que très-rarement une tension égale de tous les fils de la chaîne.

Premier perfectionnement.

Une plaque de fer placée au bout des rouleaux, circulaire comme eux, et dentelée à sa circonférence, a été substituée à ces cordes si faciles à rompre. Un simple valet attaché au montant, et retombant naturellement dans les dents de la plaque circulaire, remplace les liens dont on chargeoit les leviers, et retient bien plus solidement les rouleaux au point où ils ont été tournés.

Deuxième perfectionnement.

Pour éviter l'inégalité de tension que produisoit l'écartement des dents, on a ajouté au bas de chaque montant une large rainure dans laquelle glisse une pièce de bois qui porte le rouleau inférieur. Une forte traverse ou *moise* lie les deux jumelles en cet endroit. Une vis de fer passe dans un écrou en cuivre, appuie sur la pièce de bois mobile, et, la forçant de descendre, fait descendre le rouleau, et procure ainsi le degré le p'us exact de tension à tous les fils de la chaîne.

Troisième perfectionnement.

Presque tous les inconvéniens qu'offroient les anciens métiers de haute-lisse ont disparu, comme l'on voit ; mais ils ne paroissent point encore, à M. Guillaumot, réunir tous les avantages qu'on pouvoit désirer en obtenir. Bientôt il les leur procure ; son imagination féconde lui en présente un sur lequel a chaîne, développée verticalement, a la tension la plus uniforme et la p'us égale. E le offre à l'œil, par son entier développement, le champ que l'ouvrier doit parcourir : c'est la toi'e mobile où la *broche*, conduite par une docte main, va retracer les beautés que le peintre a confiées au tissu stable de son tableau. Le dessinateur juge mieux de l'ensemble d'un seul regard ; il n'est plus forcé à le tracer que partiellement. L'ouvrier, en contemplant d'un coup d'œil ce qu'il a fait, met nécessairement dans toutes les parties plus d'harmonie et plus d'accord ; et l'amateur qui vient le visiter pendant le cours de ses travaux, jouit du moins de tout son ouvrage.

Ce métier nouveau, qui jouit de tant d'avantages, est simple et facile à décrire ; il est composé de deux montans de bois parallèles entr'eux, posés sur de forts patins, et roidis contre le plafond : ils supportent en haut et en bas les deux rouleaux auxquels les extrémités opposées de la chaîne sont attachées et tendues, sans effort, comme de la manière la plus égale, au moyen d'une crémaillère en fer qui force le rouleau supérieur à monter parallèlement. Des boulons de fer très-forts les fixent ensuite l'un et l'autre.

Il est vrai que ce métier, qui nous a paru posséder le *maximum* de la perfection en ce genre, exige un local assez élevé pour qu'un tableau puisse y être copié, quelque grand qu'il soit, dans toute sa hauteur ; les anciens ateliers de la Manufacture n'eussent pas été capables de le contenir : mais heureusement la galerie dans laquelle étoient autrefois exposés les tableaux des peintres français, veuve d'une partie de ces chefs-d'œuvres qui décorent maintenant à Versailles le Muséum spécial de l'Ecole française, s'est trouvée avoir en élévation l'étendue nécessaire ; et, devenue dépositaire de cette invention nouvelle, elle se consolera des richesses qu'elle a perdues. Sans doute, sous un Gouvernement protecteur des arts, nous n'aurons pas à désirer long-temps que l'auteur de ce métier intéressant soit autorisé à les y multiplier, et à faciliter ainsi la reproduction des tableaux des meilleurs Maîtres de toutes les écoles dont la victoire nous a rendu possesseurs [1].

Mais les tableaux copiés aux Gobelins, même après le perfectionnement de *Lebrun*, de *Neilson* et de *Vaucanson*, étoient, comme nous l'avons dit, placés

---

[1] Les désirs de l'Athénée sont remplis ; et déjà le ministre a autorisé la construction d'autant de métiers de ce genre, que le local en peut contenir.

de côté, fatigués sur les rouleaux où on les mettoit, et ceux de la haute-lisse étoient exposés à l'œil de l'ouvrier sous le jour le plus faux. Par l'invention de M. Guillaumot, ils resteront sur leurs châssis, seront vus dans leur véritable sens, et, éclairés par un jour pratiqué au-dessus du métier, ils ne permettront plus à l'ouvrier qui les exécute, de se tromper sur les nuances qu'il doit employer pour les bien rendre.

Rien n'empêche donc que la Manufacture impériale des tapisseries françaises ne reprenne toute sa splendeur, et n'augmente même sa réputation ; rien n'empêche qu'on ne confie aux ouvriers habiles qui la peuplent, les chefs-d'œuvres des Titien, des Rubens, des Vandyck, et qu'elle ne fasse oublier ce mauvais goût qui avoit fait remplacer les belles batailles de *Lebrun*, par les mignardes productions des Detroy, des Natoire et des Boucher.

Les traits mâles et les couleurs vigoureuses des maîtres de l'Italie feront oublier le ton rosé et les incorrections trop fidèlement imitées de quelques peintres qui ont été de mode. Le riche n'hésitera plus à préférer d'embellir sa demeure par ces copies nationales, au lieu de les couvrir de ces papiers que la manie de singer l'Angleterre a introduits chez nous ; que notre légèreté trouve si commode de pouvoir renouveler sans beaucoup de dépenses, mais que l'observateur, ami de son pays, a vu avec peine faire tomber une des branches les plus belles de notre commerce et de notre industrie nationale (A)[1].

---

[1] Voyez ci-après la note (A).

Ce qui doit encourager encore à multiplier, aux Gobelins, les intéressantes traductions des meilleurs tableaux, c'est le procédé qu'a adopté et que suit en ce moment, dans l'exécution d'une des plus belles productions de M. *Vincent* (l'enlèvement d'Orithie), M. Claude, l'un des plus intelligens artistes de ces ateliers. Il n'emploie que de la laine dans ses teintes; il la substitue à la soie par-tout où l'on s'en servoit, et assure, par ce moyen, une plus grande durée à ses nuances, que l'air et la lumière altéreroient plus tôt sur la soie; et nous ne pouvons que désirer que la copie de ce tableau, qui fera époque dans l'histoire de l'art, excite l'émulation, et produise l'imitation de la part des ouvriers qui travaillent dans ce genre [1].

Pour assurer à ce procédé du sieur Claude tout l'avantage que l'on sent qu'il doit procurer, il est important, sans doute, que la teinture de la laine soit surveillée avec soin, et que la pratique de l'intelligent chef de l'atelier de teinture, le sieur Callet, soit éclairée par un chimiste habile, comme elle l'étoit avant 1792, époque à laquelle une économie trop irréfléchie a fait supprimer la surveillance que donnoit, à cette partie, un savant que nous pleurons, M. Darcet, qui devoit, à cette séance, vous faire lui-même ce rapport, qui n'a été rédigé que sur des

---

[1] Les vœux de l'Athénée sont accomplis à cet égard, et tous les tableaux nouvellement commencés s'exécutent en laine, sans mélange de soie.

notes que sa main défaillante a remises à M. Dizé,
notre collègue, son élève et son ami, quelques ins-
tans avant que la mort nous l'eût enlevé. Croyons
que le docte chimiste, qui préside en ce moment
aux arts, lui donnera bientôt un successeur dans
des fonctions qu'il eût été si utile de ne pas voir inter-
rompre [1].

Quand le directeur d'un grand établissement s'ef-
force de donner une impulsion utile, il s'estime heu-
reux de la voir se communiquer à tous ceux qu'il
surveille; si donc les succès du sieur Claude furent
chers à M. Guillaumot, on peut juger combien il ap-
plaudit à la manière ingénieuse adoptée par M. Drabot, peintre et dessinateur des ateliers, pour perfectionner le trait du contour du dessin sur les fils
de la chaîne (B) [2]. Avec quelle joie nous conduisit-il
admirer, dans les ateliers, l'activité qui s'y déploie,
l'émulation qui anime les ouvriers; les excellens modèles que laisse à ses élèves le sieur *Girard* [3], qui,
dans sa longue carrière, ayant formé presque tous les
ouvriers des Gobelins, vient d'obtenir, du ministre,
le titre de premier artiste-ouvrier de cette Manufacture; enfin, les talens distingués, réunis au zèle, de
MM. *Martin*, père, *Guillaume Ostende*, *Laforest*,
Létourneaux, fils, *Louis Folliau*, *Monnot* et *Pinard*,

---

[1] Ce vœu est rempli par la nomination de M. Roard.

[2] Voyez ci-après la note (B).

[3] La Manufacture a eu la douleur de perdre cet habile homme
en prairial an 11.

tous hauts-lissiers! Avec quel plaisir il nous a montré quarante tableaux de nos artistes principaux, à qui des talens vrais assurent une réputation durable, occupant les divers métiers de cette Manufacture régénérée !

Parmi les ouvriers de basse-lisse, qu'il eut de satisfaction à nous faire voir la copie fidèle d'un tableau du régénérateur de notre école, du vénérable *Vien*, qu'exécute le sieur *Cornillon*, père, et la traduction gracieuse d'un tableau de fleurs, dû au pinceau de madame *Vallayer Coster*, exécuté par le sieur *Deyrolle*, qui a su rendre et la touche spirituelle, et la finesse du ton, et les accords des nuances de l'original !

On pense bien qu'en faisant passer sous nos yeux tous les objets intéressans confiés à sa surveillance, M. Guillaumot n'a pas oublié l'école de dessin établie dans cette Manufacture, où, sous la direction de M. *Belle*, professeur depuis plus de quarante ans, cet art, qui est la base de tous les autres, vient de reprendre son activité ; où nous avons vu des élèves pleins d'ardeur, donner l'espoir de faire fleurir long-temps la Fabrique qui voit naître et former leurs talens ; car, on ne sauroit en douter, c'est à la connoissance du dessin, comme à la surveillance active des artistes employés à conduire les travaux, pour la partie d'art, et à celle des sieurs Cozette, père et fils, chefs d'ateliers depuis plusieurs générations, et nouvellement du sieur Ranson, pour la partie de la fabrication, qu'est due la supériorité de cette Manufacture, sur toutes celles qui existent.

Tout ce qu'éprouvoit le directeur de cet établis-sement, plaisir, satisfaction, douces jouissances, nous l'avons éprouvé, et nous voudrions le communiquer en ce moment à tous ceux qui entendent ce rapport.

Un regret cependant est venu se glisser au milieu de nos plaisirs, en pensant que, comme membre de cette société, M. Guillaumot ne pourroit recevoir de vos mains la couronne que l'Athénée destine aux inventions utiles, et que lui mériteroient ses talens, son zèle et sa persévérance. Vous ne pourrez que lui donner solemnellement un témoignage de reconnoisance pour les perfectionnemens qu'il a imaginés, et que son caractère doux et liant a fait adopter, malgré la puissance des habitudes, dans l'établissement confié à ses soins, et qui, ainsi régénéré, honorera à jamais l'industrie nationale.

Mais cette couronne, que vos réglemens ne vous permettent pas de lui décerner, il se réunit à nous pour vous la demander en faveur des sieurs *Girard* et *Claude*. L'Athénée doit aux artistes qui se sont le plus distingués sous la direction de notre collègue, les marques de reconnoissance et d'encouragement qu'il offre à ceux qui, par leurs talens et leurs efforts, contribuent à reculer les bornes de l'art.

Dans la classe nombreuse des ouvriers habiles qui contribuent à la splendeur des Gobelins, il en est dont l'activité, le zèle et l'intelligence méritent que vous fassiez une mention honorable.

Vos commissaires vous proposent, en conséquence,

d'accorder , dans votre prochaine séance publique , le témoignage de votre reconnoissance à monsieur *Guil-laumot ;*

La couronne et la médaille aux sieurs *Girard* et *Claude ;*

La mention honorable aux sieurs *Martin*, père, *Guillaume Ostende*, *Laforest*, *Létourneaux*, fils , *Louis Folliau*, *Monnot* et *Pinard*, hauts-lissiers , ainsi qu'aux sieurs *Cornillon*, père, et *Deyrolle*, ouvriers en basse-lisse.

Signé MOREAU, jeune, DIZÉ , LENOIR, SALIVET, LEMONNIER et MULOT.

Dans sa séance générale du 27 pluviose de l'an 9, l'Athénée a adopté les conclusions de ses commissaires.

Pour extrait conforme,

BRULLEY , *vice-président ;*

MARCHAIS, *secrétaire.*

Le président, en remettant aux sieurs *Girard* et *Claude* les couronnes et les médailles , leur a dit :

MESSIEURS ,

Il est bien ingénieux , ce moyen que l'on découvrit à l'avant-dernier siècle, de multiplier, à son gré, les chefs-d'œuvres des peintres, et de substituer aux ridicules bigarrures qui décoroient les murs de nos habitations , ces riches étoffes qui représentent les traits les plus saillans de l'histoire et de la mythologie. Vous avez ajouté à cette découverte des procédés plus ingénieux , qui donnent à l'artiste plus de facilité pour l'exécution, qui ajoutent à la précision du trait , à l'harmonie des nuances , qui garantissent enfin la plus sévère exactitude dans l'imitation. C'est avoir , en quelque sorte , inventé l'art une seconde fois.

NOTES.

(A) Je désire bien sincèrement que le vœu de l'Athénée des Arts puisse se réaliser, et que les tapisseries des Gobelins puissent devenir une branche de notre commerce intérieur; car c'est alors qu'il sera prouvé que le goût des beaux arts a fait de grands progrès en France : mais il ne faut pas se flatter que cette ressource puisse suffire à l'existence et à la splendeur de cette manufacture; il faut prévoir que la mode et le goût changeant de notre nation s'opposeront long-temps à ce que les citoyens riches veuillent se condamner à voir toute leur vie leurs appartemens meublés des mêmes objets; et, si l'on veut que les tapisseries des Gobelins soient toujours dignes de leur réputation aux yeux des véritables artistes, elles devront nécessairement être très-chères, par conséquent peu convenables au goût inconstant de la nation. Il faut encore craindre qu'à l'instant où cette manufacture deviendroit commerciale, on ne préférât la quantité à la qualité; et alors les talens des habiles artistes-fabricans seroient constamment exercés sur des tableaux médiocres, comme productions d'art, sous le spécieux prétexte de faire exécuter des sujets agréables ou galans : dès lors elle retomberoit dans le discrédit où elle s'est déjà trouvée d'après une spéculation semblable, quoique sa réputation ait survécu à ce discrédit. Ce temps est celui où les chefs d'ateliers, qui étoient alors de véritables entrepreneurs, avoient obtenu la faculté de faire fabriquer pour leur compte. C'est pendant cette époque que la manufacture a produit ces Don-Quichotte, et tant d'autres copies de médiocres tableaux, qui ont permis aux tapisseries de Beauvais, d'Aubusson, et d'autres manufactures inférieures, non seulement d'entrer en concurrence, mais d'être souvent préférées à celles des Gobelins, parce que, traitant le même genre, elles étoient beaucoup meilleur marché, et que peu de personnes (même aujourd'hui) savent apprécier la différence de leur mérite.

Je pense donc qu'au degré de perfection où est parvenu, depuis quelques années, le travail de cette manufacture, et qu'elle seule a les moyens d'augmenter encore, il faut la réserver particulièrement, et de préférence, pour traduire en tapisserie les tableaux des grands maîtres anciens, qui jamais n'y ont été exécutés ; et ceux des meilleurs maîtres vivans, qui, jusqu'à présent, ont regardé comme le plus grand des malheurs d'y être copiés, parce qu'en dernier résultat, leurs tableaux sont perdus, quelque soin qu'on en prenne pendant la fabrication ; ce qui n'aura plus lieu, lorsqu'il y aura un atelier complet, garni de métiers pareils à celui qui a provoqué le vœu de l'Athénée, et dont le savant ministre qui préside en ce moment aux arts vient d'autoriser l'établissement. Aussi plusieurs artistes, dont les productions ont fait le charme des dernières expositions au salon, attendent-ils l'instant de son achèvement pour obtenir la satisfaction de les voir exécuter en tapisserie ; et c'est alors qu'un seul morceau de ces tapisseries sera plus précieux que ne l'est actuellement une tenture complète ; c'est aussi alors qu'après en avoir décoré les principaux monumens impériaux, non comme tapisseries, mais comme tableaux, encadrés dans des bordures dorées, on pourra offrir à ceux de nos ennemis, devenus nos alliés, les traductions de quelques uns des chefs-d'œuvres qu'ils ont cédés à la valeur de nos guerriers.

Voilà, je pense, l'honorable emploi que doit faire une grande nation, du fruit d'une industrie qui lui est propre, et qu'elle seule possède, et non pas calculer, pour son soutien, sur un produit pécuniaire, destructif de sa gloire, et aussi inconvenant que si l'on fondoit une spéculation commerciale sur la vente des superbes tableaux du Muséum.

Mais, pour parvenir au but que je propose, il ne faut jamais oublier que cet étonnant résultat du talent des ouvriers n'est pas seulement le fruit de leurs études et de leur travail; mais qu'il est encore dû, ainsi que l'ont observé les commissaires de l'Athénée des Arts, à la surveillance et au concours de tous les artistes attachés à cet établissement, qui préparent et conduisent ce travail. Otez l'école de dessin, qui est la base de la supériorité de cette manufacture sur toutes les autres de ce genre; ôtez les dessinateurs des traits, dont l'exactitude des calques guide ces ouvriers, pour le dessin, sur une suite de fils en solution de continuité; enfin, ôtez les chefs d'ateliers conducteurs, qui aident et souvent suppléent à la vue défectueuse ou incertaine des ouvriers dans le choix et l'emploi des couleurs, la manufacture des Gobelins se trouvera réduite au simple mécanisme de la fabrication, et dès lors elle sera anéantie.

Je ne puis m'empêcher de faire remarquer ici les suites funestes que pouvoit avoir l'erreur du ministre Rolland, en se laissant guider par un homme qui, ayant intérêt à désorganiser la manufacture, le porta à en éloigner tous les artistes qui en sont le plus ferme soutien. La suppression de l'école de dessin, après le 10 août 1792, produisit, dans la fabrication, des vices qui n'échappèrent pas au jury des arts chargé, en l'an 2, de réorganiser cette manufacture. Ce jury insista sur la nécessité de rétablir cette école, et plusieurs des artistes expulsés par Rolland furent rappelés sur le rapport de la commission exécutive de commerce, agriculture et arts, à la tête de laquelle étoit alors le savant Berthollet, aujourd'hui membre du Sénat conservateur, et monsieur Dubois, ex-préfet du département du Gard : mais l'impression du mal resta, et subsiste peut-être encore ; car il n'y a pas long-temps qu'une personne influente dans l'administration voulut me persuader que rien n'étoit plus inutile, pour un fabricant des Gobelins, que de savoir dessiner.

Quoique plusieurs des fautes du ministre Rolland soient réparées, cependant je crois devoir les rappeler ici, afin de tenir ses successeurs en gardè contre des propositions de réformes destructives de la manufacture. L'économie fut le prétexte de celles-là ; mais la véritable et seule économie raisonnable à faire dans l'administration de la manufacture des Gobelins, c'est d'en borner la dépense à une somme suffisante pour la plus grande activité, c'est-à-dire à 150,000 fr. par an, et de ne négliger aucun des moyens accessoires pour porter la perfection de la fabrication, sous le rapport de l'art, au plus haut degré ; en sorte, comme je l'ai déjà dit, qu'un seul morceau de tapisserie ait autant de valeur, qu'anciennement une tenture complète. Il faut sur-tout songer que tous ces moyens de perfection demandent, de la part des coopérateurs, une pratique particulière, et indépendante du talent général que pourroit avoir chacun d'eux, de manière que, si l'un d'eux venoit à manquer, tout le travail en souffriroit, jusqu'à ce que son successeur eût acquis l'expérience propre à ce genre : d'où résulte la nécessité que, dans chaque genre, il y ait un adjoint prêt à remplacer l'ancien ; et c'est ce qui manque encore à cet établissement important, mais ce qui ne peut manquer d'y être ajouté incessamment.

(B) Avant lui, pour prendre les traits des grands contours sur les tableaux, et les reporter sur la chaîne de la
tapisserie, on commençoit par passer, sur tous les contours
du tableau à copier, un trait de crayon blanc ; ensuite on
calquoit ce trait avec du pareil crayon sur un voile noir ;
après quoi on posoit ce voile sur une toile imprimée de
couleur, comme pour peindre ; et, en frottant sur le voile,
la poussière du trait au crayon alloit se projeter sur cette
toile, où on la fixoit avec un pinceau et une teinte de
terre d'ombre ; ensuite, on plaçoit cette toile derrière la
chaîne, et l'ouvrier rapportoit ce trait sur le devant de
la chaîne avec de la pierre noire, fil à fil : mais le trait,
au pinceau qui le guidoit, ayant nécessairement une cer-
taine largeur, laissoit à l'ouvrier plus ou moins d'incer-
titude sur la ligne qui en fixoit la limite, et il en résul-
toit beaucoup d'incorrections dans le dessin.

Aujourd'hui, les grands contours se prennent sur un
taffetas rendu transparent par un enduit de gomme élas-
tique : ce taffetas s'applique ensuite sur le devant de la
chaîne, et l'ouvrier en répète le trait par-derrière, au
passage de chaque fil ; d'où il résulte que, dans l'ancien
procédé, il falloit cinq opérations pour transporter les
traits des grands contours du tableau sur la chaîne, tandis
qu'aujourd'hui il n'en faut plus que deux.

A l'égard des détails, ils se prennent, comme autrefois, sur du papier transparent, où ils sont arrêtés à l'encre
et à la plume.

C'est avec beaucoup de plaisir que je rends à M. *Drabot*
la justice de déclarer que c'est à lui que je dois la première idée et la réussite de divers perfectionnemens que
je crois avoir opérés, tant dans les procédés de la fabrication, que dans la construction de nouveaux métiers :
sans son zèle, et la connoissance pratique qu'un long

séjour dans cette maison lui a donnée, jamais je n'aurois
pu vaincre les obstacles que je rencontrois à chaque pas;
mais je dois aussi rendre aux artistes-ouvriers la justice
de déclarer qu'autant ils ont témoigné de répugnance
pour ces innovations avant d'en connoître les résultats
avantageux, autant ils ont mis de docilité et même d'em-
pressement à les adopter, aussitôt que la première expérience les a convaincus du succès.

SECOND RAPPORT

FAIT

A L'ATHÉNÉE DES ARTS,

PAR MM. MOREAU (jeune), FRANÇOIS DUMONT,
ET LEMONNIER.

MESSIEURS,

Vous vous rappelez, sans doute, encore le rapport qui vous fut fait à la séance publique du 3o pluviose an 9, au nom de l'estimable Darcet, père, que la mort venoit d'enlever, sur l'état de l'intéressante Manufacture des Gobelins; vous vous rappelez qu'on vous y fit remarquer que cette Manufacture, formée sous Henri IV, dut son agrandissement et sa splendeur au goût éclairé qu'avoit pour les arts le grand Colbert, qui en confia la direction à Lebrun.

Vous avez vu ce peintre célèbre s'occuper, avec autant d'activité que de constance, des moyens de perfectionner ce bel établissement; et bientôt, s'appercevant de l'état de souffrance et de gêne des ouvriers, ajouter aux métiers de basse-lisse, apportés par les Flamands, et seuls connus jusqu'alors, ceux de haute-lisse. Heureuse innovation, qui influa d'une manière si remarquable sur la beauté des produits de la Manufacture des Gobelins, conduits successivement à de nouveaux perfectionnemens, qui ont été également mis sous vos yeux!

Enfin, on vous a décrit les métiers que notre collègue, monsieur Guillaumot, directeur actuel, a récemment imaginés, et dont les perfectionnemens sont tellement supérieurs à ceux des Neilson, des Vaucanson, qu'il paroît difficile d'imaginer rien d'aussi parfait, d'aussi commode, tant pour l'ouvrier, que pour la jouissance continuelle et la conservation des tableaux.

Ces nouveaux métiers vont être mis en activité, et convaincront les détracteurs de ce superbe établissement, que les tableaux n'y souffriront pas plus que lorsqu'on les grave.

Enorgueillissons - nous de nos richesses industrielles. Que d'efforts n'ont pas faits les étrangers, pour rivaliser nos succès? Rome, dans un semblable établissement, malgré ses grands modèles, malgré ses écoles, si justement renommées, n'a jamais rien produit en ce genre, qui approchât de nos ouvrages; et l'on peut se convaincre, par les tapisseries faites d'après Raphaël et Jules Romain, qui furent exposées au Louvre en l'an 7 [1], que comparées aux nôtres, elles n'offroient que le caractère imposant du *grandiose* de leurs compositions, de leur dessin, et de leur expression sublime, mais qu'elles étoient absolument dénuées de coloris et d'harmonie.

---

[1] Il est bon d'observer que ces belles tapisseries ont été faites en Flandres, du temps de Charles-Quint.

_ C'est donc à juste titre que le gouvernement a toujours fait exclusivement de ces beaux ouvrages, l'objet de présens magnifiques aux puissances étrangères, à Rome même, et s'en est toujours servi, dans les occasions d'éclat, comme d'un moyen d'échange avec les nations les plus éloignées.

Le Gouvernement actuel, qui embrasse tout ce qui est grand et utile, a voulu qu'on fît aux Gobelins des élèves pour rendre héréditaires les talens qui en font le soutien ; il a senti la nécessité d'y rétablir l'école du dessin, et l'on ne peut douter qu'il n'y restitue bientôt l'étude du modèle vivant, si nécessaire à des travaux qui ont une base commune à tous les arts du dessin ; car il faut que la connoissance des formes de la nature guide l'exercice des yeux et l'intelligence de ces hommes habiles.

On vous a indiqué ceux des ouvriers, presque artistes, qui, secondant le zèle de leur directeur, avoient ajouté à ses lumières créatrices celles de l'expérience, et étoient parvenus, par l'emploi de laines seules, et par leur habileté, à produire de véritables chefs-d'œuvres d'imitation, et à multiplier, par des traductions presque originales, les tableaux de nos grands maîtres.

Toujours occupés de notre institution, vous avez distribué à ces hommes intéressans, que vous envient les nations rivales de la France, tous les genres d'encouragement que l'Athénée pouvoit leur offrir.

Aujourd'hui, Messieurs, c'est de l'effet de vos encouragemens que nous venons vous entretenir.

Nommés par vous pour aller visiter cet important établissement, nous avons parcouru tous les ateliers. Là, parmi le grand nombre de morceaux qui
ont arrêté nos regards et qui se trouvent tant en exécution sur les métiers qu'en exposition dans les divers appartemens, nous avons remarqué que ceux
qui annoncent le talent le plus décidé des artistes
qui y ont travaillé, sont, à la haute-lisse ;

1°. L'Enlèvement de Déjanire par le Centaure Nes-
sus ; d'après une belle copie du Guide, faite
par le sieur Belle, le fils.

2°. Zeuxis à Crotone, et l'Enlèvement d'Orithie par
Borée, Aria et Pœtus ; d'après les tableaux de
monsieur Vincent.

3°. Hélène poursuivie par Enée ; d'après le tableau
de monsieur Vien.

4°. Méléagre entouré de sa famille suppliante, et la
Mort de Léonard de Vincy; d'après les tableaux
de M. Ménageot.

5°. La Fête à Bacchus, et l'Offrande à Flore ; d'après
les tableaux de M. Callet.

6°. L'Amour conjugal ; d'après le tableau du sieur
Lemonnier.

7°. La Mort du connétable Duguesclin ; d'après le
tableau de feu Brenet

8°. Le Combat des Spartiates ; d'après le tableau de
M. Le Barbier.

(61)

9°. Et à la basse-lisse, la Noce d'Angélique et Médor; d'après feu Coypel.

Nous avons appris que les artistes qui se sont le plus distingués dans l'exécution de ces morceaux, sont les sieurs Claude, père, à qui vous avez décerné la couronne et la médaille, dans la séance publique du 3o pluviose an 9;

Martin, père, Guillaume Ostende, Laforest, Létourneaux, fils, Louis Folliau, Pinard, Monnot, Cornillon, père, et Deyrolle, qui ont obtenu la mention honorable dans la même séance, et dont le zèle s'est constamment soutenu; Pilon, père, et Harlaud, à qui les distinctions accordées par l'Athénée à leurs confrères, ont donné une noble émulation; Claude, fils, jeune élève que ses talens, déjà mûrs avant l'âge, ont récemment porté à la quatrième classe des ouvriers.

Mais parmi ces artistes tous habiles, il en est qui méritent d'être plus particulièrement distingués par vous; tel est M. Claude, père, qui vient de terminer l'exécution de l'enlèvement d'Orithie par Borée, ouvrage entièrement de sa main, tout en laine, sans aucun mélange de soie, et dans le sens droit où la tapisserie doit être vue, avantage dont on vous a fait connaître la valeur dans le rapport du 3o pluviose an 9.

Tel est aussi M. Laforest, qui a exécuté d'après Desportes, le charmant tableau représentant des canards, que vous avez vu exposé dans cette salle à la dernière assemblée pub'ique. Il est fabriqué sur une chaîne de soie, procédé nouveau qui fait disparoître toute espèce d'éminence sur la tap'sserie, et la rend unie comme la surface du tableau.

C'est à lui que nous devons encore l'exécution actuelle du Méléagre, où les têtes, et les mains surtout, sont d'une perfection si étonnante, qu'elles font illusion; elles sont d'une transparence et d'une finesse d'exécution telles, qu'on croiroit voir sortir de véritables mains des fils de la chaîne. Certes, c'est de ce morceau que l'on peut dire, comme M. Forfait, notre président, à la séance du 30 pluviose an 9, que *l'imitation portée à ce point de fidélité est une véritable invention.*

Tel est enfin M. Martin, père, dont plusieurs têtes et figures exécutées sur le tableau de la fête à Bacchus, sur celui de l'Offrande à Flore, et sur d'autres morceaux, sont d'une beauté rare. Il est d'ailleurs reconnu pour avoir formé la plupart des artistes qui se distinguent aujourd'hui par leurs tale'ns dans cette manufacture. Son mérite, appuyé par tous ses confrères, vient de l'élever au grade de premier *artiste-ouvrier*, en remplacement de M. Girard, que vous avez couronné à la séance du 30 pluviose an 9, et que la manufacture a le regret d'avoir perdu au mois de prairial dernier.

Vos commissaires vous proposent donc d'accorder la couronne et la médaille à M. Martin, père, ainsi qu'à M. Laforest. Quant à M. Claude, père, comme il a obtenu en l'an 9 le *maximum* des encouragemens que l'Athenée peut décerner, qui est la couronne et la médaille, vos commissaires pensent qu'on ne peut, en cette occasion, y ajouter qu'une mention honorable particulière, dont acte lui sera délivré; mais ils croient que l'Athénée peut porter l'attention du Ministre sur les avantages qu'ont opérés dans cette manufacture les innovations heureuses dont M. Claude a donné le premier exemple, afin que quand les circonstances lui permettront de rétablir les pensions de 200 fr. qui existoient avant la révolution pour un certain nombre d'ouvriers, la première soit accordée à M. *Claude*, père.

Enfin, ils vous demandent une mention honorable pour MM. Létourneaux, fils; Louis Folliau, Pinard, Guillaume Ostende, Monnot, Pilon, père; Harlaud, Cornillon, père; Deyrolle et Claude, fils.

Lu à l'assemblée de la classe des Beaux Arts, le 13 pluviose an 12.

Signé, Lemonnier, F. Dumont et Moreau, jeune.

Dans la séance générale suivante, l'Athénée des Arts a adopté les conclusions du présent rapport.

Signé, Moreau, *vice-président*, et Ferd. Bayard.